Der GalgoTRAUM
Galgo Español

Petra Röhrig

Einen herzlichen Dank an alle, die mir Fotos von ihren Galgos für diese Buch zur Verfügung gestellt haben.

© Petra Röhrig 2016
Alle Rechte vorbehalten.
Satz und Layout: Anne Rikta Grobe und Petra Röhrig

Herstellung und Verlag
BoD - Books on Demand, Norderstedt

ISBN: 9783743102996

Vorwort

Dieses Buch soll den in Spanien geretteten Galgos gewidmet werden, die jetzt ihren Galgotraum leben dürfen.
Alle Galgos die sie auf den folgenden Seiten in diesem Buch sehen, wurden von Tierschützern in Spanien aus unvorstellbar schrecklichen und tierunwürdigen Verhältnissen gerettet.

In den sozialen Netzwerken wird oft gefragt:
Was macht einen Galgo so besonders.
Ich finde das kann man in Worten nicht beschreiben. Also habe ich viele Menschen die mit Galgos zusammen leben gebeten, mir ihre schönsten, aus dem Leben gegriffenen Galgo-Schnappschüsse zur Verfügung zu stellen. Auch ein paar Greyhounds und Mischlinge haben den Weg in dieses Buch gefunden.

Hier kommen sie:
DIE GALGOSTARS!

Inhaltsverzeichnis

Rennsemmel	08
Galgonasen	14
Galgos haben die schönsten Pfoten	24
Galgos im Wasser	34
Galgos sind Kampfschmuser	44
Lieblingsplätze	52
Zungenakrobatik	64
Galgokringel	70
Galgos bei der illegalen Nahrungsbeschaffung	77
Galgos am Strand	81
Galgos sind Kasper	88
Galgos sind einfach nur schön	96

Rennsemmel

Galgonasen

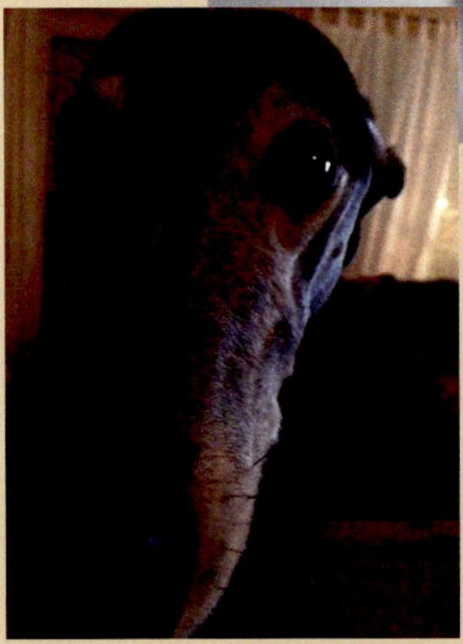

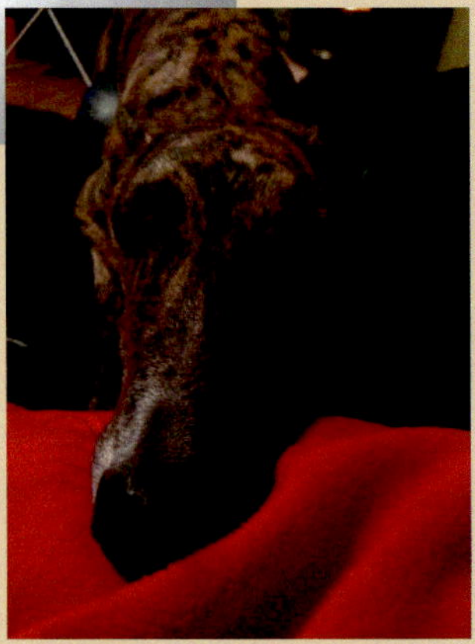

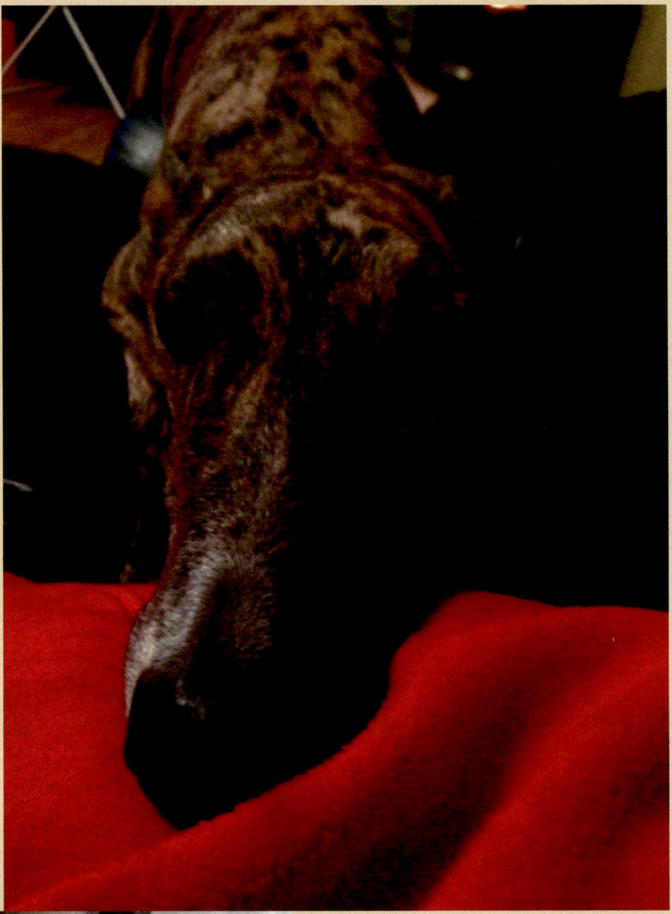

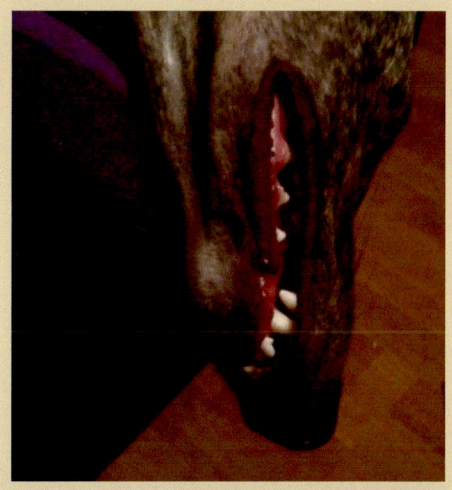

Galgopfoten

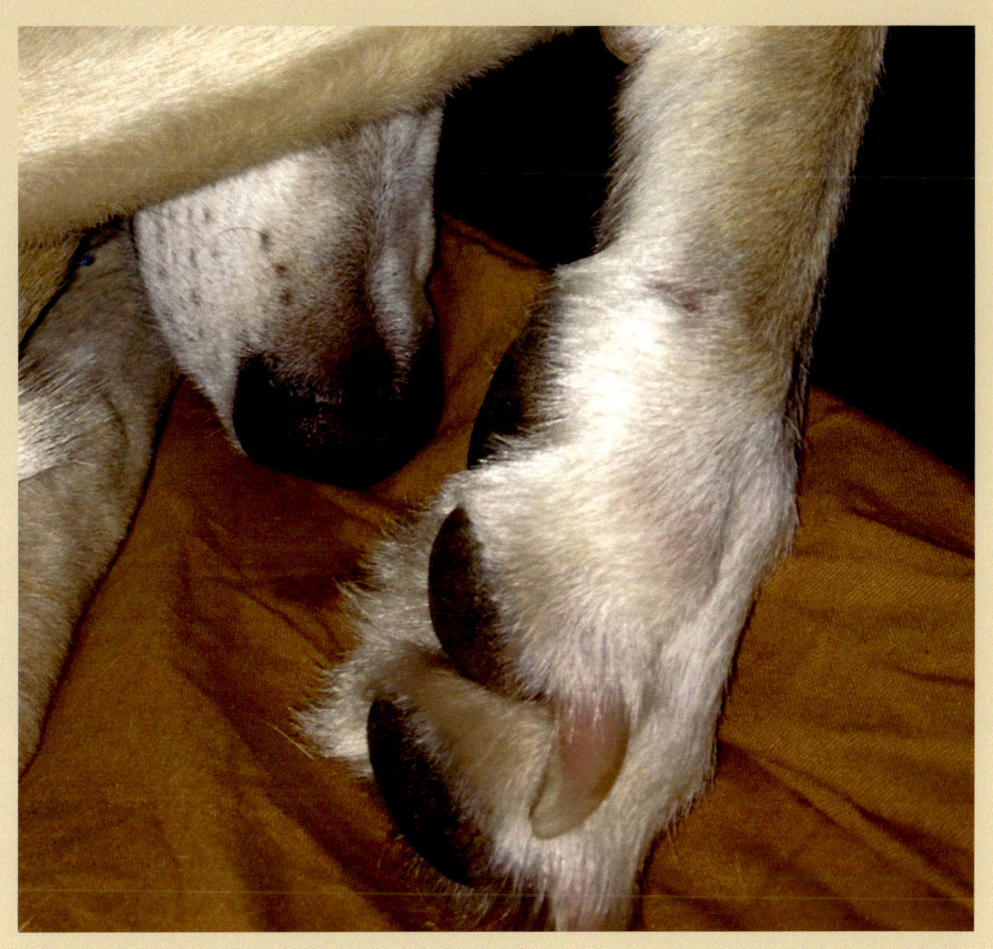

Galgos und Wasser

Galgos sind Kampfschmuser

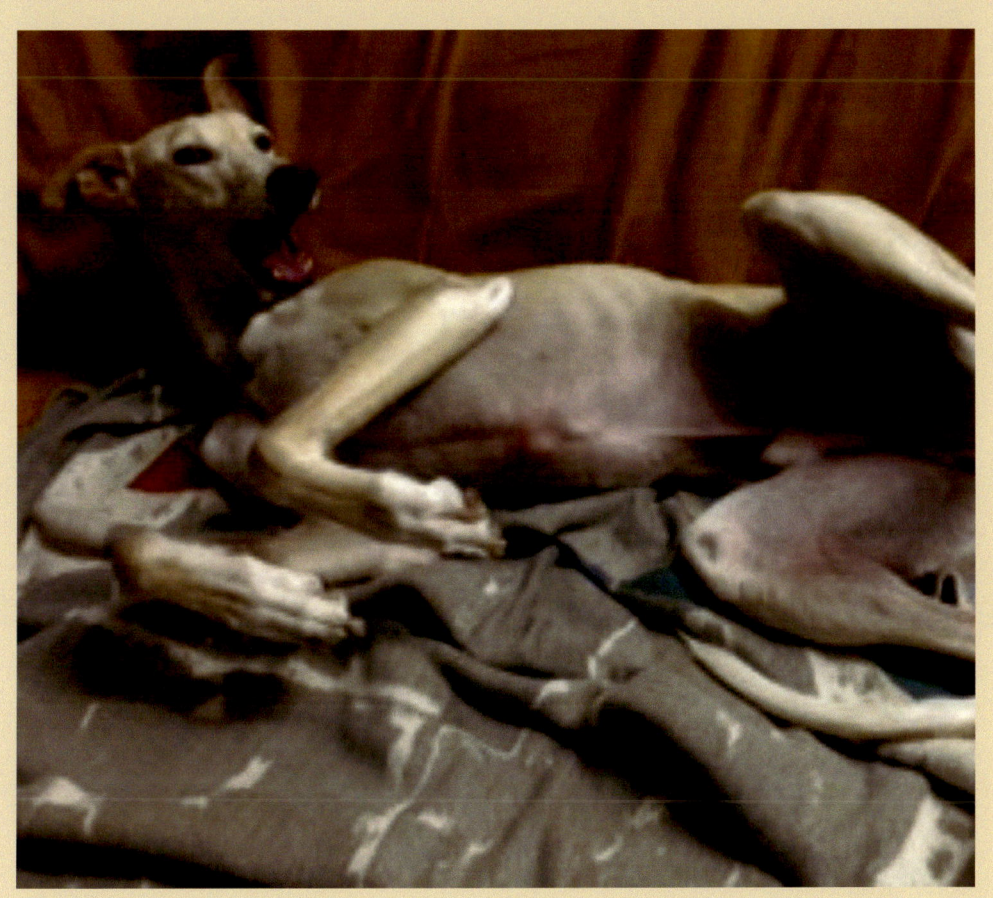

Lieblingsplätze

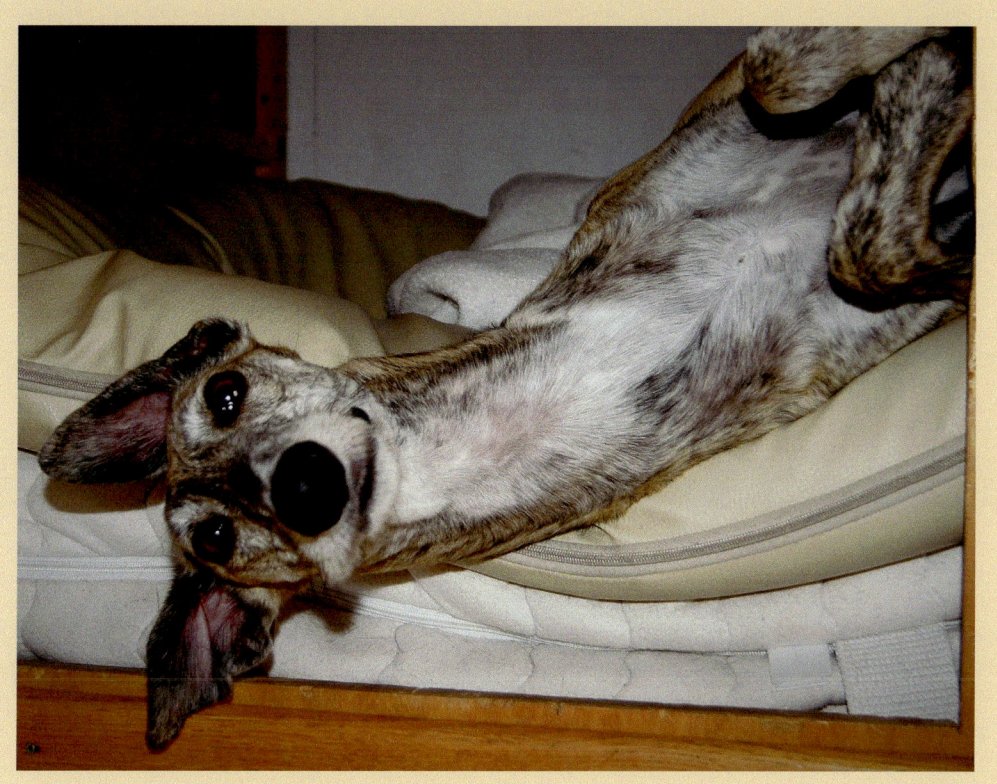

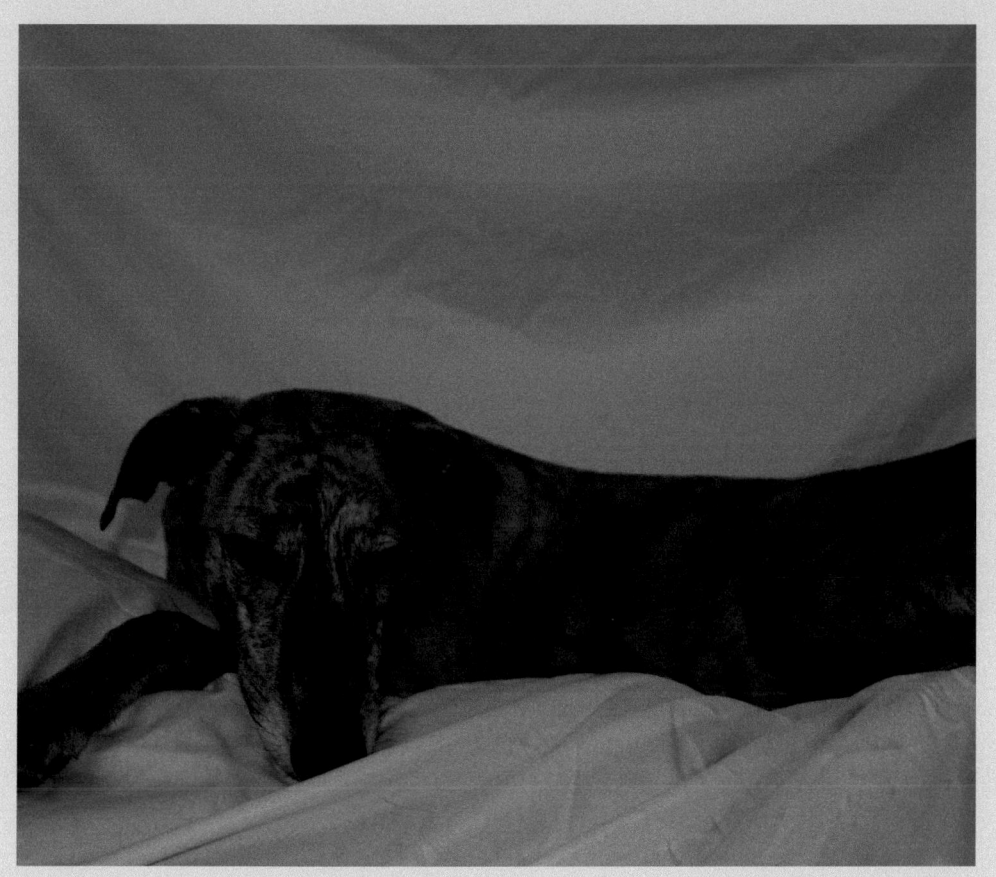

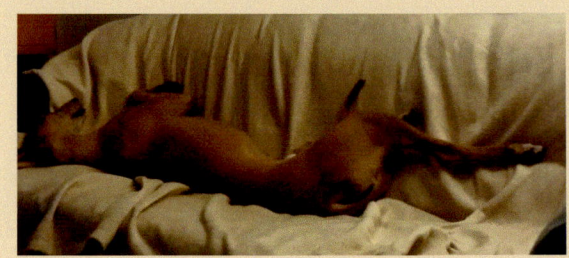

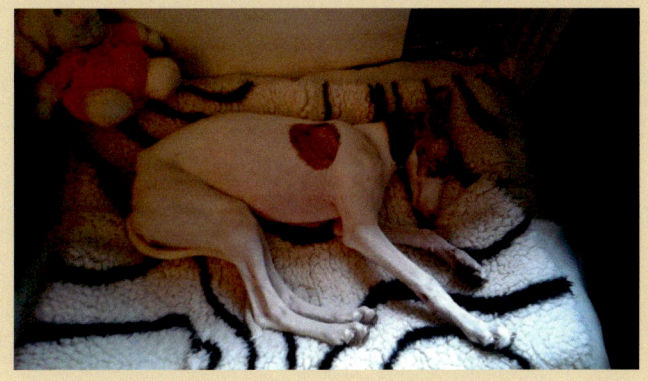

Zungenakrobatik

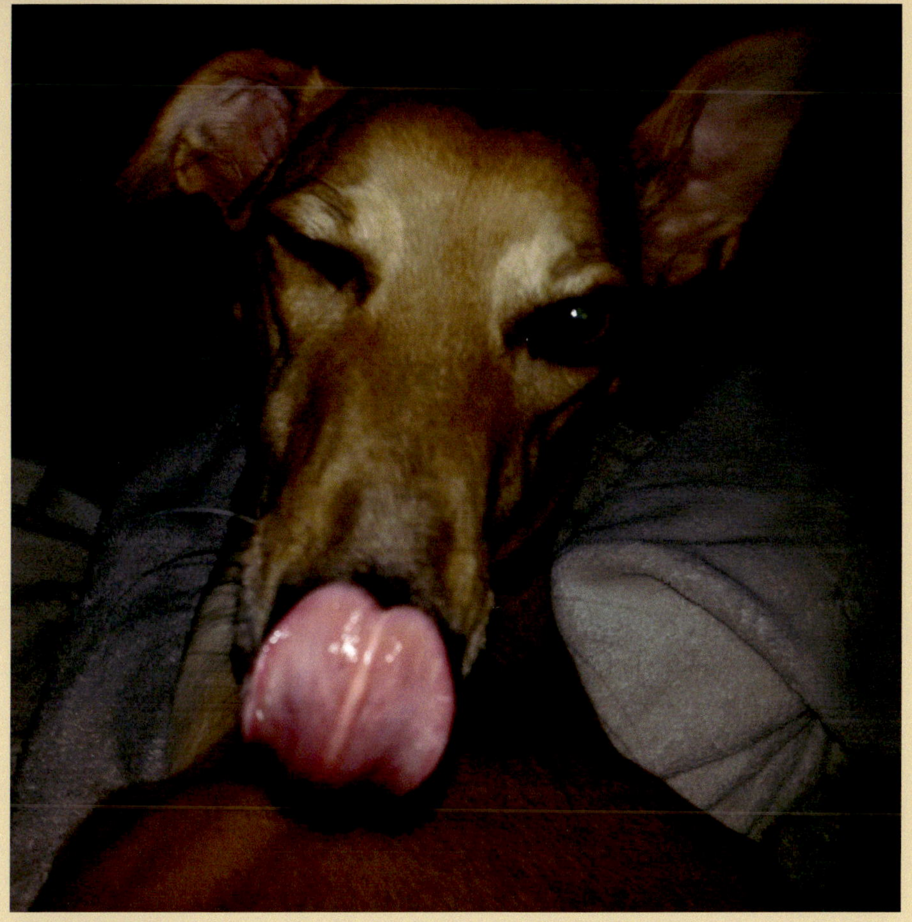

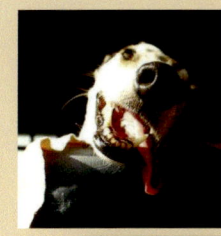

Galgokringel

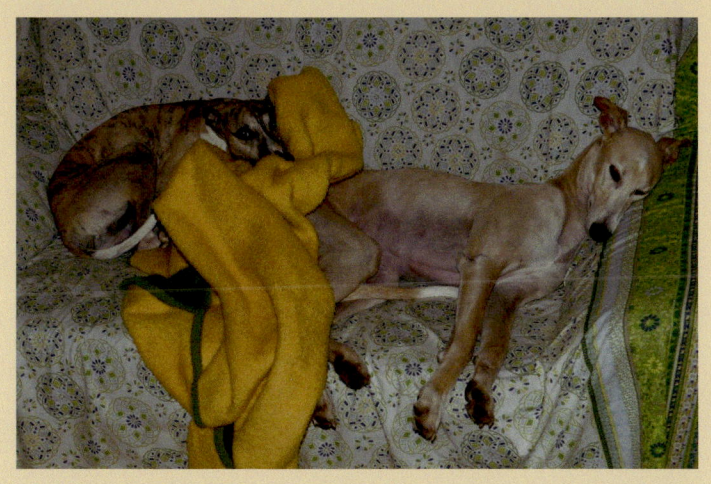

Galgos bei der illegalen Nahrungsbeschaffung

Galgos am Strand

Galgos sind Kasper

Galgos sind einfach nur schön!